Sylvanus Mulowayi Wa Kayumba

MAIN TELESCOPIQUE DU SEIGNEUR

Sylvanus Mulowayi Wa Kayumba

MAIN TELESCOPIQUE DU SEIGNEUR

Le Mouvement Angélique Pour la Protection et la Délivrance

Éditions Croix du Salut

Imprint

Cover image: www.ingimage.com

Publisher:
Éditions Croix du Salut
is a trademark of
International Book Market Service Ltd., member of OmniScriptum Publishing Group
17 Meldrum Street, Beau Bassin 71504, Mauritius
Printed at: see last page
ISBN: 978-613-7-37567-9

LA MAIN TÉLESCOPIQUE DU SEIGNEUR

Sylvanus Mulowayi Wa Kayumba

LA MAIN TÉLESCOPIQUE DU SEIGNEUR

INTRODUCTION

Avec ma modeste expérience en hydraulique moderne, je me suis inspiré de la pelleteuse hydraulique pour essayer d'illustrer la main forte, puissante et télescopique du Seigneur dans la vie des hommes.

En mécanique de fluide, il y a deux circuits :

- Le circuit de commande et
- Le circuit de puissance.

Nous trouvons cela dans tous les systèmes de fonctionnement des machines et des appareils.

Même dans la construction d'une maison, il y a l'architecte qui se place avant le maçon afin que le produit fini respecte les normes d'urbanisme. Et ceux qui ont sauté l'étape de l'architecte l'ont regretté plus loin car leur maisons ont été emportées dans la ruine dans le temps.

En informatique, il y a le « soft » et le « hard » qui sont des termes anglais qui signifient tout simplement le « tendre » et le « dur ».

Il y a aussi la même analogie dans la famille où la mère est tendre et la père est un peu dur.

Dans la pelleteuse, l'opérateur fait de mouvements doux et simples mais bien précis. Et à l'extérieur, ce sont de grandes de terre qui sont creusés avec l'assistance du circuit de puissance.

Il y a une bonne distance entre l'opérateur et charge de terre ou de minerais à déplacer en face, en profondeur et en hauteur.

Et dans le cas de la pelleteuse, elle peut tourner à gauche ou à droite avec la charge sur sa couronne centrale.

Avec ses chenilles ou ses pneusadaptés aux terrains de terrassement dans le cœur des mines à ciel ouverts, la charge creusée est ainsi amenée à sa destination finale.

L'opérateur reste assis dans son siège comme un pilote qui transporte des dizaines des tonnes dans les airs.

Il y a deux mondes qui nous régissent :

- Le monde spirituel et
- Le monde physique.

Le monde spirituel est comme le circuit de pilotage de la pelleteuse et le monde physique ou physique et l'ensemble du bâti fixe et du bâti mobile de la machines avec la flèche, le stick, le bac et les vérins.

Le tout se passe dans la cabine opératoire où le conducteur est installé confortement.

Dans la vie des enfants de Dieu, le tout se conçoit dans les cieux et la réalisation se manifeste sur la terre.

Le circuit de pilotage fonctionne avec la foi sans laquelle, personne ne pourra plaire à Dieu et le circuit de puissance se manifeste par les signes et les prodiges qui nous conduisent ainsi sur l'estrade du témoignage.

David était fort dans le circuit de pilotage alors que Goliath ne l'était que dans la celui de puissance.

Le problème n'est pas dans la force physique mais plutôt dans la foi en Dieu.

Les dix grands-frères de Joseph étaient tous individuellement plus forts que lui, mais ce dernier était bien assis dans la cabine opératoire de sa pelleteuse des songes et des rêves. C'est ainsi qu'il finit un jour par las voir s'agenouiller devant lui.

Non pas parce qu'il était plus fort qu'eux, mais tout simplement à cause de sa position conformément au rêve qu'il eut il y a près de 20 ans.

En tant qu'enfants Dieu, nous devons comprendre que la Main Puissante et Invisible de Dieu est à l'œuvre pendant que nous dormons profondément.

Comment peut-on former Adam de la poussière de la terre et Eve de l'os tiré du premier ?

Bonne question.

C'est le mystère du circuit de pilotage et de celui de puissance.

Les hommes de ce monde ont commencé avec ces deux systèmes à explorer l'espace avec des satellites et des fusées.

Ces appareils sophistiqués sont lancés et dirigés depuis la terre.

Dieu dans le système de pilotage, travaille avec es anges et dans le système de puissance il évolue avec ses serviteurs.

Ce sont des choses que l'œil n'a pas vues, celles que l'oreille n'a point entendues et qui ne sont pas montées au cœur de l'homme.

Ce n'est en criant ou en claquant les mains l'une contre l'autre que nous influenceront la réalisation des choses autour de nous.

De même que l'opérateur de la pelleteuse ne déplace pas la charge avec ses mains, ainsi nous avons reçu un seul Nom, celui de Jésus afin qu'en le mentionnant tout genou fléchisse dans les cieux, sur la terre et sous la terre. Et que toute langue confesse que Jésus est Seigneur !

Ne faisons pas attention à la grandeur de notre problème, mais soyons fidèles et obéissants à la Parole de Dieu de laquelle tout ce qui est visible et invisible est sorti !

Tout Israël avait peur de Goliath et l'ont permis d'insulter le Dieu Vivant pendant 40 jours !

Mais le jeune David par sa foi et sa confiance en Dieu l'offrit comme nourriture aux oiseaux du ciel en un seul jour.

Une pierre lancée avec une fronde de la main d'un jeune enfant de moins de 15 ans ne peut pas tuer un géant et vieux guerrier de plus de 3 mètres de taille !

Dans le circuit de puissance, c'est la Main Puissante et Invisible de Dieu qui avait donné la force nécessaire pour achever cet incirconcis sans retenue.

Pierre ne marcha pas sur les eaux du Lac de Galilée, il trotta dans la Main Invisible de Dieu entre la 3° et la 4°veille de la nuit, ce jour-là.

Et quand il eut peur et se mit à s'enfoncer il cria à Jésus en lui demandant de le sauver et juste le nom mentionné du Seigneur suffit pour lui tendre sa Main Invisible pour le récupérer et l'amener avec lui dans la barque avant de calmer la tempête.

Nous avons avec nous la protection échappant à nos 5 sens et nos 3 facultés et n'obéissant qu'à notre foi, notre fidélité, notre obéissance et notre discipline en faisant du Royaume de Dieu notre priorité première.

Arrêtons de changer les chaînes de notre télévision au doigt, servons de la télécommande et gardons notre place dans le confort de notre salle de séjour

L'Auteur

L'OBEISSANCE

Nous nous faisons priver de l'assistance de la Main Puissante et Invisible de Dieu dans notre vie, juste par le fait de ne pas demeurer dans la Parole de Dieu.

« ***Jésus lui répondit: «Si quelqu'un m'aime, il gardera ma parole et mon Père l'aimera; nous viendrons vers lui et nous établirons domicile chez lui.*** » Jean 14 :23

L'obéissance à la Parole de Dieu est une marque de l'amour que nous avons envers notre Dieu et notre Père Céleste.

Et cela invite le Père et le Fils à venir rester en vous. Et nous devenons ainsi plus que vainqueurs en tout ce que nous ferons.

C'est la télécommande qui conduit la grande télévision.

Ainsi en est-il dans la matière divine. C'est la foi qui conduit l'espérance et l'amour de l'homme envers Dieu.

Quand Adam et Eve étaient obéissants à la Parole de Dieu qui constituait leur alliance avec Dieu, ils vivaient en harmonie dans le Jardin d'Eden. Mais le jour où le serpent s'y est infiltré, la communion d'antan fut rompue et ils furent ainsi chassés du Jardin d'Eden qui était leur patrimoine avec toutes les conséquences fâcheuses y afférentes.

Aimer Dieu, ce n'est pas l'adorer à haute voix en claquant les mains, l'une contre l'autre !

C'est garder sa Parole dans la foi en Jésus.

C'est en la Parole de Dieu que se trouve la vie éternelle.

En y demeurant, Dieu viendra avec son Fils Unique Jésus établir domicile en nous et nous verrons la Main Puissante et Invisible de notre Père Céleste à l'œuvre.

L'obéissance en la Parole de Dieu nous transforme en Quartier Général de Dieu et rien ne saura nous nuire.

« Que dirons-nous donc à l'égard de ces choses? Si Dieu est pour nous, qui sera contre nous?

Lui, qui n'a point épargné son propre Fils, mais qui l'a livré pour nous tous, comment ne nous donnera-t-il pas aussi toutes choses avec lui?

Qui accusera les élus de Dieu? C'est Dieu qui justifie!

Qui les condamnera? Christ est mort; bien plus, il est ressuscité, il est à la droite de Dieu, et il intercède pour nous!

Qui nous séparera de l'amour de Christ? Sera-ce la tribulation, ou l'angoisse, ou la persécution, ou la faim, ou la nudité, ou le péril, ou l'épée?

Selon qu'il est écrit: C'est à cause de toi qu'on nous met à mort tout le jour, Qu'on nous regarde comme des brebis destinées à la boucherie.

Mais dans toutes ces choses nous sommes plus que vainqueurs par celui qui nous a aimés. » Romains 8 : 31-37

Le bon choix est celui de choisir la bonne part qui est celle de demeurer dans la Parole de Dieu qui est Dieu lui-même.

Et une fois que l'on obéit à la Parole de Dieu, on l'invite en soi et l'on devient plus fort que tous ses ennemis.

Il nous a donné Son Fils Unique Jésus sans notre demande. Et maintenant que nous pouvons finalement formuler une requête, il nous exaucera de tout son cœur, à condition bien-entendu que nous soyons dans sa volonté.

Personne ne peut nous accuser devant lui car il est en nous et nous sommes en lui. C'est quand nous nous écartons de sa Parole que les ours et les lions nous attaquent pour nous détruire.

Et quand nous revenons dans la bergerie par la repentance et le port des fruits dignes de notre repentance, nous redevenons encore plus que vainqueurs !

Le plus grand péché est celui de refuser de se repentir de son péché et de prendre la ferme résolution de ne plus recommencer.

C'est bien làla base du circuit de pilotage afin d'expérimenter la puissance de la Main Invisible de Dieu dans notre vie chrétienne.

Personne ne peut condamner un enfant de Dieu. Aucun pacte du passé, aucune parole méchante des parents ou des autres ne peut garder en captivité quiconque est obéissant à la Parole de Dieu.

L'enfant prodigue a dû en son temps se rendre à cette école du repentir et du vœu de produit des fruits dignes du bon repentir et de la nouvelle réconciliation avec Dieu pour une restauration renouvelée.

Le précieux sang de Jésus est rouge mais nettoie nos robes blanches afin de nous faire asseoir dans les parvis célestes.

La repentance est un exercice d'humilité et de filiation. Et en tant qu'enfants de Dieu, nous devons vivre dans la sanctification pour bénéficier de la Main Puissante et Invisible de Dieu de notre vie individuelle et collective.

Jésus, le Ressuscité est assis à la droite de notre Père dans les lieux célestes et intercède pour nous pour notre marche dans la victoire et dans la gloire.

Nous avons un juste intercesseur qui ne nous réclame rien d'autre que notre obéissance en la Parole de Dieu. Comme dans la parabole de l'enfant prodigue, le père resta à la maison au même endroit où l'avait laissé son fils.

Quand le petit rebelle épuisa toutes ses voies de recours, il revint de lui-même vers la source pour solliciter un second kilomètre de grâce et de miséricorde pour rester sous le toit paternel, même comme un serviteur et non comme un fils.

Dans sa compension de père, il l'accueillit avec joie et organisa pour lui une fête qui énerva son grand-frère.

Ne ressemblons pas au frère de l'enfant prodigue comme tous ceux qui veulent que les autres restent dans la ruine et dans la perdition. Le Seigneur Jésus ne veut la perte d'aucun d'entre nous et dans la patience, il nous invite à une repentance sincère afin que nous puissions réparer par la repentance et nous engager dans la marche avec le Seigneur pour amener les autres car nous sommes sauvés pour vulgariser le salut !

Nila tribulation, l'angoisse, la persécution, la faim, la nudité, le péril, ou l'épée ne peuvent nous séparer de l'amour de Dieu manifesté en Jésus.

Nous sommes dans le Véritable et rien ne peut nous nuire car nous ne sommes pas seuls en dépit des apparences et de la réalité de monde.

Il y a une armée angélique et invisible au service de Dieu en notre faveur et que nous ne pouvons pas commander en dehors de Dieu.

On ne peut pas directement commander les anges dans notre vie. Ils dépendent de Dieu qui les affecte à notre service pour la démonstration de da puissante main invisible.

« ***Il y envoya des chevaux, des chars et une forte troupe, qui arrivèrent de nuit et qui enveloppèrent la ville.***

Le serviteur de l'homme de Dieu se leva de bon matin et sortit; et voici, une troupe entourait la ville, avec des chevaux et des chars. Et le serviteur dit à l'homme de Dieu: Ah! Mon seigneur, comment ferons-nous?

Il répondit: Ne crains point, car ceux qui sont avec nous sont en plus grand nombre que ceux qui sont avec eux.

Élisée pria, et dit: Éternel, ouvre ses yeux, pour qu'il voie. Et l'Éternel ouvrit les yeux du serviteur, qui vit la montagne pleine de chevaux et de chars de feu autour d'Élisée. » 2 Rois 6 :14-17

Elysée dans la guerre d'Israël contre la Syrie eut la grâce de voir l'armée invisible que Dieu avait disposée pour son peuple.

Non seulement il vit les anges guerriers, mais eut aussi la grâce de voir les chars de feu d'eau autour de lui.

Dieu reste dans les cieux assis sur son trône comme le conducteur de la pelleteuse en train de faire fonctionner le circuit de pilotage comme on se sert de la télécommande d'une télévision et sur la terre, c'est la grande confusion au milieu de nos ennemis.

Les Syriens ne savaient pas que les enfants de Dieu étaient entourés par une armée céleste avec des chars de feu d'en haut prête pour les mettre en déroute.

Même quand Dieu annonce la chose à son serviteur Elysée, ce dernier ne les voyait pas. Il fallut que Dieu lui ouvrît les yeux afin de l'introduire dans la réalité spirituelle qui le protégeait.

Dans **Actes 27 :23-27**, Dieu envoya un ange pour secourir Paul, con serviteur.

Le navire était en danger, mais à cause de sa présence, Dieu envoya un ange pour le secourir avec ceux qui étaient avec lui, car il fallait qu'il comparaisse devant César à Rome.

« ***L'ange de l'Éternel campe autour de ceux qui le craignent, et il les arrache au danger.*** » Psaumes34 :7

Quand nous craignos Dieu, il nous affecte un ange qui marche avec nous et qui nous arrache au danger.

Dans plusieurs accidents, les rescapés ont été assistés par des anges de Dieu leur affectés à dessein.

En effet pour bénéficier de cette faveur de Dieu, il faut demeurer dans sa présence dans l'obéissance, la fidélité et la discipline.

«***Pierre donc était gardé dans la prison; et l'Église ne cessait d'adresser pour lui des prières à Dieu.***

La nuit qui précéda le jour où Hérode allait le faire comparaître, Pierre, lié de deux chaînes, dormait entre deux soldats; et des sentinelles devant la porte gardaient la prison.

Et voici, un ange du Seigneur survint, et une lumière brilla dans la prison. L'ange réveilla Pierre, en le frappant au côté, et en disant: Lève-toi promptement! Les chaînes tombèrent de ses mains.

Et l'ange lui dit: Mets ta ceinture et tes sandales. Et il fit ainsi. L'ange lui dit encore: Enveloppe-toi de ton manteau, et suis-moi.

Pierre sortit, et le suivit, ne sachant pas que ce qui se faisait par l'ange fût réel, et s'imaginant avoir une vision.

Lorsqu'ils eurent passé la première garde, puis la seconde, ils arrivèrent à la porte de fer qui mène à la ville, et qui s'ouvrit d'elle-même devant eux; ils sortirent, et s'avancèrent dans une rue. Aussitôt l'ange quitta Pierre.

Revenu à lui-même, Pierre dit: Je vois maintenant d'une manière certaine que le Seigneur a envoyé son ange, et qu'il m'a délivré de la main d'Hérode et de tout ce que le peuple juif attendait. . » Actes 12 :5-11

Malgré que la prison ait été verrouillée et qu'il y avait des gardes autour de Pierre, un ange de Dieu est venu à son secours pendant la nuit.

Cela à cause des prières de l'Eglise.

Il y a une puissance spirituelle qui déclenche l'intervention angélique dans la prière d'ensemble pour la cause commune.

L'ange de Dieu entra au milieu de la nuit dans une lumière brillante et réveilla Pierre et ses chaînes tombèrent aussi d'elles-mêmes de ses mains!

Il lui donna l'ordre de mettre sa ceinture et es sandales et lui demanda de s'envelopper de son manteau avant de le suivre.

Pierre croyait rêver alors que la chose était évidente et réelle.

Les portes s'ouvraient d'elles-mêmes et ils s'avancèrent dans la rue et aussitôt l'ange le quitta.

Oui, l'intervention angélique est bien programmée dans le temps et dans l'espace.

Notre prière devra être soutenue par notre propre foi en Dieu et par notre obéissance à sa Parole.

Quand il pleut, ceux qui sont dans la maison n'ont pas besoin de parapluie ou d'imperméable.

Ce sont ceux qui sont sortis du toit qui auront de l'eau dans les bottes.

Le combat spirituel a pour bouclier notre foi en Dieu qui fait tomber toute les flèches enflammées du diable.

« ***Zacharie fut troublé en le voyant, et la frayeur s'empara de lui.***

Mais l'ange lui dit: Ne crains point, Zacharie; car ta prière a été exaucée. Ta femme Élisabeth t'enfantera un fils, et tu lui donneras le nom de Jean.

Il sera pour toi un sujet de joie et d'allégresse, et plusieurs se réjouiront de sa naissance.

Car il sera grand devant le Seigneur. Il ne boira ni vin, ni liqueur enivrante, et il sera rempli de l'Esprit Saint dès le sein de sa mère;

Il ramènera plusieurs des fils d'Israël au Seigneur, leur Dieu;

Il marchera devant Dieu avec l'esprit et la puissance d'Élie, pour ramener les cœurs des pères vers les enfants, et les rebelles à la sagesse des justes, afin de préparer au Seigneur un peuple bien disposé.

Zacharie dit à l'ange: A quoi reconnaîtrai-je cela? Car je suis vieux, et ma femme est avancée en âge.

L'ange lui répondit: Je suis Gabriel, je me tiens devant Dieu; j'ai été envoyé pour te parler, et pour t'annoncer cette bonne nouvelle. » Luc 1 :12-19

Quand la main invisible de Dieu amena l'ange Gabriel, le messager vers le souverain sacrificateur Zacharie pour lui annoncer la naissance de Jean-Baptiste, il n'y crut point.

La manifestation de la main de Dieu est souvent inattendue. Cela est dû au fait qu'il s'agit d'un monde surnaturel invisible à nos yeux.

Ce fut pour la toute première fois de sa vie que Zacharie expérimenta cette visitation angélique.

Oui, Dieu dans son armée invisible, se sert des anges pour nous avertir, nous protéger et nous délivrer.

Le même ange alla plus tard vers Marie épouse de Joseph pour lui annoncer la naissance de Jésus.

La Main Invisible de Dieu travers toute chose pour atteindre le but en vue.

En tout au long de l'année 2020, face au Covid-19, la Main Puissance, Invisible et Télescopique de Dieu nous a protégé en Afrique car nous n'avons pas les moyens pour lutter contre ce monstre démoniaque en miniature !

Les grandes puissances économiques de ce monde se sont retrouvées à genoux alors que l'Afrique voyait cette visitation divine comme dans un rêve.

Joseph en Egypte dans la maison de Potiphar resta fidèle à Dieu et refusa de se souiller avec la femme de son maître.

Au bout du rouleau, après la prison, il devint gouverneur d'Egypte et fit venir les siens et les installa dans la terre de Goshen.

Il leur accorda son pardon et leur révéla qu'ils étaient ses frères.

Daniel dans la fausse aux lions et ses 3 compagnons dans la fournaise de feu au pays de Babylone furent secourus par la Main Puissante de Dieu.

Oui, c'est bien cette main invisible qui retint les eaux de la Mer Rouge pour permettre à Israël de traverser paisiblement.

C'est cette Main Télescopique Invisible qui conduisait Israël dans la colonne de feu pendant la nuit et dans la nuée pendant le jour.

C'est elle qui sortait l'eau du rocher et qui faisait tomber la manne du ciel.

Cette main de Dieu conduisit Jonas dans le ventre de l'énorme poisson et l'y retira en le déposant à la porte de Ninive pour continuer sa mission.

Ce fut la même main qui protégea l'enfant Moïse sur les eaux du Nil et qui ramena l'enfant Jésus en Egypte après sa naissance pour l'épargner de la colère d'Hérode.

Elle a agit dans tout le ministère de Jésus et elle ramena l'ange à la 4° veille de la nuit pour rouler la grosse pierre qui était à l'entrée du sépulcre du Seigneur.

C'est cette main qui l'enleva quelques jours après sa résurrection devant 120 témoins et qui revint déposer dans la Chambre Haute des langues de feu sur leur tête le jour de la Pentecôte.

Elle a conduit les prophètes et les apôtres et elle est encore vivante et agissante au milieu de nous pendant cette dispensation de la grâce et du Saint-Esprit.

Soyons obéissants à la Parole de Dieu et elle nous apportera tout ce que notre cœur désire.

Elle accompagne les missionnaires de Dieu comme elle accompagna aussi Jean-Baptiste dans la mission de précéder le Seigneur Jésus.

LE SURNATUREL

La Main Télescopique Puissante et Invisible de Dieu nous introduit dans le surnaturel, le sacré et le spirituel.

Elle nous conduit dans le monde de la foi et non dans celui de la vue.

La foi vient de ce que l'on entend de la Parole de Dieu. Et nous retournons encore à la base qui est l'obéissance à la Parole de Dieu de laquelle le monde visible et invisible est sorti.

Il faut naître de l'esprit pour comprendre la matière spirituelle qui ne dépend pas des lois naturelles et des lois scientifiques.

A la multiplication des pains et du poisson, ce fut la main de Dieu qui était à l'œuvre pour régulariser les ingrédients d'une manière uniforme.

A la fête de Canaan, ce fut encore main puissante et invisible de Dieu qui était à l'œuvre !

Nous allons prendre quelques cas à titre illustratif juste pour nous permettre de sonder le monde du surnaturel.

MOISE A LA MONTAGNE

« *Moïse fut là avec l'Éternel quarante jours et quarante nuits. Il ne mangea point de pain, et il ne but point d'eau. Et l'Éternel écrivit sur les tables les paroles de l'alliance, les dix paroles.*

Moïse descendit de la montagne de Sinaï, ayant les deux tables du témoignage dans sa main, en descendant de la montagne; et il ne savait pas que la peau de son visage rayonnait, parce qu'il avait parlé avec l'Éternel.

Aaron et tous les enfants d'Israël regardèrent Moïse, et voici la peau de son visage rayonnait; et ils craignaient de s'approcher de lui.

Moïse les appela; Aaron et tous les principaux de l'assemblée vinrent auprès de lui, et il leur parla.

Après cela, tous les enfants d'Israël s'approchèrent, et il leur donna tous les ordres qu'il avait reçus de l'Éternel, sur la montagne de Sinaï.

Lorsque Moïse eut achevé de leur parler, il mit un voile sur son visage.
Quand Moïse entrait devant l'Éternel, pour lui parler, il ôtait le voile, jusqu'à ce qu'il sortît; et quand il sortait, il disait aux enfants d'Israël ce qui lui avait été ordonné.

Les enfants d'Israël regardaient le visage de Moïse, et voyait que la peau de son visage rayonnait; et Moïse remettait le voile sur son visage jusqu'à ce qu'il entrât, pour parler avec l'Éternel. » Exode 34 :28-35

Ce fut pas avec la force physique que Moïse fit 40 jours et 40 nuits dans la montagne sans manger de pain ni boire de l'eau afin de recevoir finalement la double table des paroles de l'alliance écrite de la main de Dieu lui-même.

Ce fut par la puissance main invisible de Dieu qu'il fut ainsi capable de tenir le coup. Et à sa descente de la montagne avec la double table en main, il ne savait pas que son visage rayonnait après avoir parlé avec l'Eternel.

Ce fut la Main Invisible de Dieu qui lui avait lavé le visage d'homme pour lui donner l'éclat céleste.

Ainsi Aaron son frère aîné ainsi que tout le peuple d'Israël craignirent de s'approcher de lui à cause de l'éclat brillant de son visage.

Il leur parla à distance et quand il termina, il mit un voile sur sa tête pour leur permettre de se rapprocher de lui.

La Main Télescopique de Dieu va toucher ton esprit, ton corps, ton matériel, tes finances et tes émotions pour leur communiquer un éclat nouveau cette fois-ci et rien ne pourra plus te nuire et personne ne saura se rapprocher de toi.

En ce moment précis, mets le voile de l'humilité, de l'obéissance, de la fidélité et de la discipline dans ta cohabitation avec les hommes et avec ton Dieu.

Pendant 40 jours et 40 nuits, Moïse demeura dans la présence de Dieu sans manger, ni boire. Il y était soutenu par la Main Puissante de Dieu.

Que cette main nous soutienne face aux maladies, aux calamités, à l'épée et à la mortalité en dehors du plan de Dieu.

De fois nous nous retrouvons sans secours et abandonnés à notre triste sort. Sans la voir de nos yeux, mais par la foi, cette main de Dieu est disponible pour nous protéger et pour nous délivrer.

Elle nous conduit pendant le jour et pendant la nuit dans le sentier de la paix et de la justice selon le plan de la direction divine.

Ce fut cette main qui conduisit divinement le petit Joseph dans tout ce qui lui arriva avec ses propres frères, les ismaélites, dans la maison de Potiphar et dans la prison.

La tradition nous fait croire que ce qui n'est pas visible n'existe pas. Cela est une borne propre aux hommes de ce monde avec leur science et leurs coutumes.

Il existe un monde invisible inaccessible aux hommes de ce monde sans cette main télescopique du Seigneur. C'est le monde des miracles et des prodiges.

LES AVANTAGES DE LA FOI

« ***Puis il leur dit: Allez par tout le monde, et prêchez la bonne nouvelle à toute la création.***

Celui qui croira et qui sera baptisé sera sauvé, mais celui qui ne croira pas sera condamné.

Voici les miracles qui accompagneront ceux qui auront cru: en mon nom, ils chasseront les démons; ils parleront de nouvelles langues;

Ils saisiront des serpents; s'ils boivent quelque breuvage mortel, il ne leur feront point de mal; ils imposeront les mains aux malades, et les malades, seront guéris. » Marc 16 :15-18

Ces avantages et cette mission concernent quiconque a cru en Jésus de tout son cœur et de toute son âme. Et nous devons aller prêcher cette bonne nouvelle du royaume de dieu à toute la création.

La main puissante, télescopique et invisible de Dieu nous accompagne dans cette mission pendant le jour et pendant la nuit.

C'est bien cette main divine qui nous montre le cheminet qui nous guide. Elle est aussi génératrice des miracles, des signes et des prodiges.

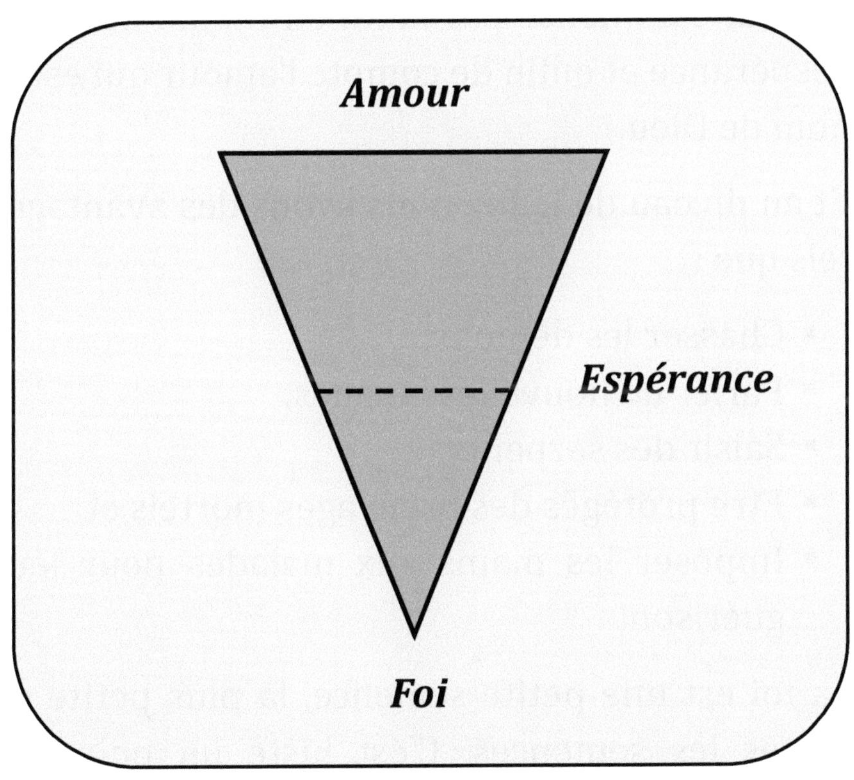

Dieu nous a donné dans son amour infini son Fils Unique Jésus et nous nous y accrochons par la foi et non par les œuvres de la loi. C'est pratiquement une pyramide renversée que l'on peut voir en section sur l'image précédente.

Le tout commence par la foi en Dieu. Puis vient l'espérance et enfin de compte l'amour qui est le nom de Dieu.

Et au niveau de la foi, nous avons des avantages tels que :

- Chasser les démons,
- Parler de nouvelles langues,
- Saisir des serpents;
- Etre protégés des breuvages mortels et
- Imposer les mains aux malades pour leur guérison.

La foi est une petite semence, la plus petite de toutes les semences. C'est juste un point. Et l'espérance est comme un segment de droite et enfin l'amour est une ligne de laquelle on peut obtenir toute les coniques.

Quand nous prions pour chasser les démons que nous ne voyons même pas, c'est la Main Puissante et Invisible de Dieu qui les délogent.

Les miracles et les prodiges sont l'œuvre de la main de Dieu !

Les breuvages mortels sont dilués par la main invisible de Dieu dans le silence de la foi en Jésus !

La main invisible de Dieu nous donne par la foi en Jésus le pouvoir de marcher sur les serpents et d'imposer les mains aux malades pour leur guérison.

Nous sommes appelés à obéir tout simplement et le reste, c'est l'affaire de la puissance main invisible de Dieu.

Et si Dieu n'agit pas le lundi, il le fera le mardi ou le mercredi. Faisons juste notre part qui consiste à demeurer dans Sa Parole !

Une déclaration faite avec foi est investie du pouvoir de celle de Dieu si et seulement si elle a été prononcée sans doute et sans hésitation.

LA GLOIRE DE DIEU

La gloire de Dieu est derrière la foi en Jésus.

« ***Jésus lui dit: Ne t'ai-je pas dit que, si tu crois, tu verras la gloire de Dieu?*** » Jean 11 :40

La gloire de Dieu, sa notoriété et sa célébrité se cachent derrière la foi que l'on a en son Fils Unique Jésus.

La foi est la clé du surnaturel. Elle ouvre des portes que nul ne peut fermer. Mais elle des ennemis tels que :

- L'orgueil,
- Le péché,
- Le doute
- L'hésitation,
- La précipitation,
- La peur,
- La cupidité,
- Les passions de la chair ;
- La tradition et
- La torsion des écritures.

« ***Recommande aux riches du présent siècle de ne pas être orgueilleux, et de ne pas mettre leur espérance dans des richesses incertaines, mais de la mettre en Dieu, qui nous donne avec abondance toutes choses pour que nous en jouissions.*** » 1 Timothée 6:17

Dieu résiste aux orgueilleux, à ceux qui se fient aux richesses de ce monde.

L'orgueil est un sentiment de mépris et de dédain qui fait penser à certaines Dieu qu'ils peuvent tout faire avec leur intelligence et leur richesse.

L'intelligence de ce monde ainsi que les richesses de la terre ne peuvent pas tout donner.

On peut avoir un lit trop cher mais le sommeil vient de la main invisible de Dieu qui a le premier et le dernier mot dans la vie des gens.

Goliath perdit le combat devant le jeune David tout simplement parce qu'il le méprisa !

Le salaire du péché, c'est la mort !

Un seul péché dans le Jardin d'Eden plongea l'humanité toute entière dans la chute loin de Dieu.

Naman croyait trouver la guérison en allant vers le roi d'Israël alors que la solution se trouvait chez le serviteur d Dieu Elysée.

Nombreux croient que la foi est une matière des pauvres et des faibles alors que le roi David avec tout qu'il possédait cherchait toujours à demeurer dans la présence de Dieu.

Le Seigneur Jésus ne considéra pas sa haute divinité et accepta de prendre notre place comme un homme et de se faire humilier par son propre peuple dans une mort honteuse et ignominieuse pour nous ouvrir les portes des parvis célestes éternels.

Le péché est un grand ennemi de la foi. Il coupe la relation avec notre Dieu et nous laisse à la merci du diable qui n'a aucune retenue en notre faveur car il a déjà échoué et ne nous laissera point réussir.

Le doute et l'hésitation dorment dans un même lit et représentent une pesanteur qui devient une force antagoniste dans notre marche en tant qu'enfants de Dieu.

Nous sommes responsables de notre propre prière et de nos déclarations. Nous devrions croire de tout notre cœur et de toute notre âme en ce que nous confessons devant Dieu.

Je pense à cette femme au flux de sang de 12 ans qui crut de tout son cœur qu'en touchant le bord de la tunique du Seigneur, elle guérirait et il en fut ainsi pour elle.

La précipitation est une force antagoniste à la foi. Marie et Marthe devait amener le cadavre de leur frère Lazare au lieu où se trouvait le Seigneur Jésus au lieu d'aller le mettre en terre !

Nous devons apprendre à être patient car notre victoire en dépend !

La peur fit tomber Pierre cette nuit-là dans les eaux du Lac de Galiléealors qu'il se rapprochait du Seigneur Jésus !

La cupidité poussa Judas Iscariote à vendre le Seigneur de toute gloire pour 30 pièces d'argent.

Les passions de la chair et l'attachement au monde nous détachent de la foi en Jésus et nous précipitent dans le ravin de la ruine et de la perdition.

La tradition ainsi que la torsion des écritures sont aussi des forces passives qui combattent notre foi. Nous devons vivre dans une mise à part et dans la fidélité à la Parole de Dieu pour aller plus loin dans notre trotte avec notre Dieu pendant que nous sommes encore dans ce système des choses.

LES BEQUILLES DE LA FOI

Nous avons 2 écoles en cette matière qui constitue la base même de notre cohabitation avec notre Dieu.

Sans béquilles, la victime ne saura pas se déplacer convenablement et de fois, elle sera obligée de recourir à une tierce personne.

La première solution est celle de se faire poussé dans une chaise roulante et le second est celle de se faire transporté sur le dos carrément.

Il existe des chaises roulantes à pédales, et d'autres encore motorisées qui permettent aux infirmes de se déplacer personnellement.

Mais cela ne résout pas totalement les besoins car ils sont tous limités d'une manière ou d'une autre !

L'ECOLE DE PAUL

« ***Lorsque j'étais enfant, je parlais comme un enfant, je pensais comme un enfant, je raisonnais comme un enfant; lorsque je suis devenu homme, j'ai fait disparaître ce qui était de l'enfant.***

Aujourd'hui nous voyons au moyen d'un miroir, d'une manière obscure, mais alors nous verrons face à face; aujourd'hui je connais en partie, mais alors je connaîtrai comme j'ai été connu.

Maintenant donc ces trois choses demeurent: la foi, l'espérance, la charité; mais la plus grande de ces choses, c'est la charité. » 1 Corinthiens 13 :11-13

La foi représente l'enfance. Nous acceptons tout ans voir et sans vérifier. A ce niveau, nous dépendons des parents ou ces tuteurs. C'est dans ce lot que beaucoup de croyants prient comme leurs pasteurs et leurs modérateurs alors qu'ils ont des besoins tout à fait différents.

L'espérance est la première étape de la maturité. Elle ressemble à quelqu'un qui a fait de grandes et qui est encore à la recherche du travail.

On peut l'aider ou l'assister de temps en temps mais il est plus responsable qu'un enfant !

Il ajoute au-dessus de sa foi l'espérance de trouver un jour du travail et de fonder à son tour une famille.

Et l'amour est une dimension de responsabilité et d'engagement personnel dans ce que l'on fait. On ne va plus à l'église puisque c'est le dimanche. On y va tous les jours dans la mesure du possible.

On ne prie plus en imitant les conducteurs mais on le fait selon ses besoins.

On ne demande plus du secours des autres mais de Dieu seul et on devient un catalyseur et une échelle pour les autres à qui on montre le chemin du salut, de paix et de la justice.

Il y a des miracles instantanés qui ne demandent que la foi d'une part et des miracles à retardement qui exigent que l'on y ajoute l'espérance et l'amour.

Et l'amour, c'est le nom de Dieu.

L'ECOLE DE PIERRE

Cette école nous fournit plus de détails que celle de Paul.

« ***A cause de cela même, faites tous vos efforts pour joindre à votre foi la vertu, à la vertu la science,***

A la science la tempérance, à la tempérance la patience, à la patience la piété,

A la piété l'amour fraternel, à l'amour fraternel la charité.

Car si ces choses sont en vous, et y sont avec abondance, elles ne vous laisseront point oisifs ni stériles pour la connaissance de notre Seigneur Jésus Christ.

Mais celui en qui ces choses ne sont point est aveugle, il ne voit pas de loin, et il a mis en oubli la purification de ses anciens péchés. » 2 Pierre 1 :5-9

Dans cette école la section centrale de la pyramide renversée nous donne cette vue.

Dans les 2 écoles, la base c'est la foi. Elle est incontournable. Sauf qu'il y a dans l'école de Pierre plus de gradins que dans celle de Paul ; mais pour une même finalité.

Alors que l'école de Paul est constituée de 3 gradins, celle de Pierre en a 8.

On ne se limite pas seulement à la foi, mais il faudra passer au gradin de la vertu. Ce gradin est celui de la valeur, du mérite et du caractère.

Si on s'arrête seulement à la foi, en face d'un miracle à retardement, on aura des problèmes de tenir le coup.

Le premier gradin marche bien pour le miracle instantané qui plonge souvent le bénéficiaire dans la tradition et la croyance.

La finalité de la foi, ce n'est pas le miracle, les signes et les prodiges ; mais c'est la production des fruits dignes de notre nouvelle naissance et de la vie éternelle qui nous attend au bout du rouleau.

Et pour y arriver, il faudra selon cette école de Pierre y ajouter la vertu.

Avec la vertu, nous serons identifiés comme des enfants de Dieu avec ou sans miracle.

La foi chrétienne n'est pas une cantine populaire pour les miracles mais c'est une vie dans laquelle nous allons de gradin en gradin jusqu'à la charité !

Après la vertu, nous allons sur le gradin de la science qui est l'art du savoir et du discernement.

Cela ne nous poussera plus à prier comme le modérateur ou le pasteur, mais nous serons capables de demander ce qui est utile pour l'avancement du royaume de Dieu dans notre dispensation.

Nous ne venons pas dans la maison de Dieu pour ramasser les miracles, mais pour lui appartenir et le servir selon la mesure de grâce qu'il nous accorde.

Nous devons sur le gradin de la science, prendre suffisamment du temps pour lire la Parole de Dieu et vérifier comme les Béréens, si ce que l'on nous enseigne est bien conforme à la Parole de Dieu.

Nous devons comprendre la responsabilité qui nous incombe en tant qu'enfants de Dieu et essayer de faire éclater les dons et les ministères cachés en nous.

Nous devons savoir le bien fondé de la vie de prière et de la retraite afin d'être utiles aux autres.

Après le gradin de la connaissance, vient celui de la tempérance.

La tempérance est une pondération, une sorte de retenue et de réserve pour accepter le substitut de la chose attendue de Dieu.

C'est l'illustration de la loi d'ajustement du sacrificateur devant un fidèle qui a promis de grandes choses à Dieu et qui se retrouve un petit rien en main au jour devant l'autel des sacrifices.

Sera-t-il renvoyé ou soutenu dans sa bonne foi. Pour que pareille chose réussisse, il faudrait qu'il tombe sur un sacrificateur tempérant.

Et ce dernier prendre l'offrande de vœu avec sa petite valeur et priera en sa faveur pour que Dieu l'agrée à la valeur de son engagement.

Après ce gradin de la tempérance vient celui de la patience qui a un peu plus de rigueur, car il exige la chose promise ou attendue sans substitut ni simili.

Il y a des gens qui ont pris de grandes décisions dans leur vie dans la tolérance ou la retenue et d'autres qui l'ont fait dans la rigueur et dans la fermeté.

Il faudra savoir attendre les meilleures choses pour que la joie soit parfaite dans tous les domaines de la vie.

Moïse attendit 40 ans dans la patience dans la maison de Jéthro avant de recevoir l'unique appel entrant de la part de Dieu avant de rentrer délivrer le peuple de révélation de la maison de la servitude en dépit du rejet par l'un de ses frères.

Nous attendons la venue du Seigneur Jésus-Christ sur les nuées et cela sans substitut car telle est la Parole de Dieu pour notre dispensation.

Après le gradin de la patience, vient celui de la piété qui nous conduit dans la vie de l'adoration et de la vénération.

Il faudra prendre du temps pour contempler la grandeur et la puissance de Dieu dans ta vie personnelle, dans ta famille et dans la société dans laquelle tu vis.

Il faudra aussi placer un rétroviseur pour voir d'où l'on vient avant de prendre les jumelles pour percevoir la mal de loin et le lui fuir comme un aigle.

Nous venons du ciel et nous retournerons un jour, chacun en son temps et en sa circonstance dans les lieux célestes.

Ne nous laissons pas distraire dans la séduction de ce monde qui est un lieu de passage pour un temps dans cette carcasse humaine.

Vient alors le gradin de l'amour fraternel où nous devons remettre le bien pour le bien au milieu de notre famille et de notre société.

Evitons l'ingratitude. Si les uns nous ont fait du bien, nous devrions aussi en temps opportun leur renvoyer l'ascenseur.

Je croyais que la femme au flux de sang, Barthimée, la veuve de Naïm, la femme samaritaine, les 5000 personnes nourris dans la multiplication du pain et du poisson seraient tous au pied de la croix pendant que le Seigneur remettait son esprit entre les mains de son Père !

Ne soyons pas ingrats !

Souvenons-nous que nous aussi un jour, nous étions dans le monde sous le joug du péché.

Et enfin de ce gradin de l'amour fraternel, passons finalement à celui de la charité.

Et là nous nous retrouvons à l'école du Sermon sur la montagne où nous donnons la seconde joue et nous prions pour ceux qui nous persécutent.

Ce sont ces multiples gradins qui nous aident à attendre l'intervention de la main de Dieu dans notre vie.

A LA CROIX

Nous allons chuter avec ce qui s'est passé à la croix de Golgotha.

Il s'est passé beaucoup de choses étranges ce jour-là à Golgotha.

Comment l'un des malfaiteurs se retrouva ce soir-là dans le paradis ?

Comment l'esprit du Seigneur est-il allé de Golgotha aux mains de Dieu dans les cieux ?

Comment la terre fut-elle couverte des ténèbres pendant 3 heures ?

Qui a déchiré le voile entre le lieu saint et le Saint des saints dans le temple ?

D'où est venu le tremblement de terre ?

Comment Jésus avait-il humilié les principautés et les autorités alors qu'il avait les mains et les pieds liés ?

C'est la Main Télescopique Puissante et Invisible de Dieu !

Paul eut la grâce de nous révéler ce qui se passa ce jour-là à la croix.

« ***Il a effacé l'acte dont les ordonnances nous condamnaient et qui subsistait contre nous, et il l'a détruit en le clouant à la croix;***

Il a dépouillé les dominations et les autorités, et les a livrées publiquement en spectacle, en triomphant d'elles par la croix. » Colossiens 2 :14-15

La main invisible de Dieu a effacé l'acte dont les ordonnances nous condamnaient et subsistaient contre nous pour aller à la rencontre de Dieu.

La main télescopique est partie prendre le frottoir afin d'effacer toute condamnation de quiconque croit en Jésus.

Même toi qui me lit, si tu crois en Jésus, la même main télescopique va effacer toute condamnation dans ta vie pour te donne une nouvelle vie.

Et l'acte d'accusation contre nous fut cloué sur la croix alors que Jésus avait les mains et les pieds liés !

La main puissante de Dieu ne s'est arrêtée par là, elle est partie plus loin pour dépouiller les dominations et les autorités en les livrant en spectacle dans la victoire céleste.

Personne en ce moment-là ne pouvait voir cette démonstration de force et de puissance pour le salut de tous les hommes !
Mais Paul qui vient plus tard comme le tout dernier des apôtres a peut avoir la grâce de

nous ramener cette révélation sur la puissante main de Dieu.

C'est cette même main qui fit trembler la terre. Elle mit des ténèbres sur la terre car il était impossible que le soleil regarde la mort du Soleil Véritable !

C'est encore cette même main invisible qui déchira le voile du temple !

La main invisible est derrière tout ce qui se passe au-delà de la vue !

CONCLUSION

Dieu travaille avec 2 grandes armées.

La première est celle des serviteurs et des servantes qui lui appartient et qui exécutent chacun une mission spécifique.

La deuxième est celle des anges, au-delà de ce que l'œil peut voir et ce que l'oreille peut entendre.

C'est cela le monde du surnaturel avec des agents invisibles.

Quand les boiteux marchent, les aveugles recouvrent la vue et les femmes stériles deviennent mères, c'est le travail réalisé par la main puissante et invisible de Dieu.

Ta foi comme un conducteur de la pelleteuse dans la cabine pousse la main télescopique de Dieu dans la hauteur, dans la profondeur et dans la distance pour prendre l'invisible afin de le rendre visible.

La colère de Dieu s'exprime aussi par sa main télescopique et invisible. C'est cette main invisible qui provoqua les pluies diluviennes.

C'est cette main puissante qui fit tomber sur le pays d'Egypte les dix plaies avant de couper la Mer Rouge et le Jourdain et détruire les murs de Jéricho.

C'est elle qui plaça la colonne de feu dans la nuit et la nuée pendant le jour pour la direction divine du peuple de révélation dans les lieux arides.

C'est cette main télescopique qui arrêta le soleil et la lune du temps de Josué.

Elle roula la pierre la pierre à l'entrée de la tombe du Seigneur Jésus. C'est encore elle qui tenait les 7 étoiles devant l'apôtre Jean sur l'île de Patmos.

Nous l'avons vue sur le continent africain tout au long de l'année 2020 face à cette pandémie diabolique venue des laboratoires des hommes sauvages et sans retenue.

Elle est encore là présente partout où le Nom de Jésus est invoqué et prête à faire ce qu'elle fit d'antan.

Ne nous fions pas à nos yeux, car il y a un autre monde qui nous échappe mais qui est évident et effectif.

Crois seulement et tu verras la gloire de Dieu.

L'Auteur

L'AUTEUR

Sylvanus Mulowayi Wa Kayumba, né le 02/10/1963 dans la petite ville minière de Kolwezi dans une famille de 8 garçons et 2 filles.

Sa plume remonte aux années 1983 comme dramaturge et acteur monologue, habitué à évoluer en soldat solitaire.

Traducteur Assermenté et Polyglotte, il a beaucoup écrit sur le social, le divin et est l'imaginaire.

Aumônier et prédicateur de la bonne nouvelle du royaume de Dieu, il est un ami des prisonniers et des malades.

Dans un style simple embaumé de microcosme, il continue sa trotte tant qu'il y aura encore de l'encre dans son encrier.

Co-fondateur du Culte Anglophone dans la Ville de Lubumbashi dans la Province du Katanga en République Démocratique du Congo en 1993.

En 2002 dans la Ville de Kinshasa, il participe efficacement à l'installation du Ministère du Réseau Global pour la Nouvelle Alliance et ouvre une émission chrétienne à la télévision « ONLY JESUS » avant de se concentrer totalement la littérature théologique pratique jusqu'à ce jour.

Ouvert à tous, pour la cause commune !

TABLE DES MATIERES

Printed by Books on Demand GmbH, Norderstedt / Germany